AF607001

SER MIRADA

SER MIRADA

Carmen Palomo Pinel

Pre-Textos

Ajuntament de València

POESÍA

Un jurado presidido por Juan Carlos Caballero Montañés, y formado por Ramón Bascuñana, M.ª Teresa Espasa, Jaime Siles y Elena Torres,, acordó conceder el Premio "Juan Gil-Albert" de poesía en castellano, de los XLI Premios Literarios "Ciutat de València", a la obra *Ser mirada*, escrita por Carmen Palomo Pinel.

En coedición con

Primera edición: abril de 2024

Diseño y maquetación: Pre-Textos (S.G.E.)

Luis Santángel, 10
46005 Valencia
www.pre-textos.com

ISBN: 978-84-10309-02-9
Depósito legal: V-1145-2024

Impreso en España / *Printed in Spain*

Impreso en Safekat S.L.

I. PÁRPADO ABIERTO AL MUNDO

Sólo cuando la mirada se abre al par de lo visible se hace una aurora.

María Zambrano

Permíteme tener los ojos grandes.
Tener los ojos grandes es un acto
de voluntad, básicamente
aceptar ser pieza de caza del asombro.

Yo consiento:
cómeme el corazón
en el rito ancestral de la belleza,
deja hueco a lo atávico salvaje
en la pupila absorta.
Hospeda una revelación que la dilate,
la haga pura o antártica,
que haga del ojo
devoración de oscuras autopistas.

Pupila
qué alta pupila
pupila cuántas águilas
pupila el cuarto de los evangelios
pupila crece
desmesurada estrella
incertidumbre y fuego
ascuas en ascuas.

Déjame tener
los ojos grandes y una fuente en mi centro,
una fuente que duela y que refulja.

Quizá eso es la poesía:
un trepar de mí misma por mis ojos,
una herida que piensa.

Periferias

Aceptar ser el centro
de esa herida asombrosa que es el mundo.
Aceptar también
que el despojamiento es el momento del destello.
Que hay dolor.
Que yo soy ese dolor
y me camino.

Ghiberti

Yo veo en cada cosa
su cadáver.
También, iluminado,
sonriéndome,
su cuerpo ya glorioso,
el anticipo de su resurrección:
en el pájaro, el canto;
en lo oscuro, la estrella;
en mi labio, tu beso.
Puerta del paraíso es este instante
en que vivimos del amor
ahora.
La eternidad
tiene su primer acto en este mundo.

Perspectiva

Patas arriba.
El mar, un cielo inverso.
Peces sus pájaros.

Ofertorio

Yo te ofrezco todo el dolor del mundo.
También el de los que no saben de ti.
Los dividendos que arrojaron solo para unos pocos
los llantos de los niños,
su soledad
como una larga carta sin respuesta,
el fantasma del padre que no juega con ellos,
eso que llaman triunfo.

Te ofrezco este amasijo de hierro y de dolor,
de piezas descompuestas y dolor,
de pureza escindida
y de dolor.
Los restos del fuselaje aún incendiados
tras el accidente
(que es la pura sustancia)
del dolor.

También este pequeño corazón,
que siendo tan inútil
amó tanto.

Dime
que en el más ínfimo dolor
de cada ínfima cosa
hay un sentido.
Si no, nada lo tiene.
Que es llorar

romper aguas
porque se acerca un parto.

Que eres tú mismo lo que yo estoy ofreciendo.

Nocturno nevado

La nieve es la hermana pequeña de la muerte:
toda pureza, albura,
toda sosiego y posibilidad.

Caen los copos. Ninguno igual a otro, dicen.

Los observo en silencio.
A veces, contemplar es rebelarse,
estarse quieto
la forma de revolución más pura.

Se deshacen: apenas percibidos,
a la par ya perdidos y amados para siempre.

Las estrellas titilan como signos interrogativos.

No sé cómo habitar mis propios ojos.

Oración de petición

Líbrame de leer sin correr riesgos.

De la contradicción
que son los niños en los hospitales.

Líbrame de no beber ni ver
en el vaso de agua
ese milagro siempre inmerecido.

De ir a sus ojos sin la verdad
o a la verdad sin sus ojos.

Líbrame del dolor de que nada me duela.

Líbrame de ser *en*
o de ser *para*.
De no ser, de no ser
sencillamente,
líbrame.

De todo lo que no seas tú
(tal vez de nada),
líbrame.

Inercias

Ulises, ten cuidado. A veces la sirena toma forma de mástil.

Esta.
Esta flor.
Esta flor mata.
Esta flor mata sonriendo.
Esta flor mata sonriendo flores.

Vivir es intentar ser fiel a ese misterio.

Cuerpos celestes

Avizoro, escudriño, he sospechado
que clavar en el cielo la mirada
es perforar la Tierra hasta su centro.

¿PUEDE EL MISTERIO SER PERSONA?

Un día empecé a escuchar el mar
se oía día y noche en lejanía
Rumor entre los muros de mi casa
tan mesetaria
tan candeal y eólica
tan distante del mar
Me puse a ordenar todo
Oía menos el mar si me movía
Dolía menos el mar
si me movía
A veces era arrullo de cuna o de sepulcro
sshh sshh / sshh sshh / sshh sshh
otras veces
era un chirrido al fondo de la vida
que no deja vivir vivir vivir
que no deja
vivir
Pensé debilitarlo entregándome al método
entregándome al método
o al método
Ordené los cajones
limpié el polvo
y el polvo
Y yo
que no sé convocar una isla
y yo que tengo en el vientre salitre y bajamar
y una isla
y tus barcos fantasma amenazándome

encontré una caracola
surgida de mí misma sin propósito
sin anticipación
Era una caracola im/pre/pensable
con la estructura informe de un corazón de espuma
Me la acerqué al oído
para que el mar
                          el mar
                                    el mar
todo ese mar inesperado
pulso en la caracola

me escuchara.

Bola de cristal

Un destino.
Morir en las palabras.
Vivir para contarlo.

No hay hechos, sólo interpretaciones

¿En serio? ¿Me lo dices en serio? ¿De verdad?
¿Sólo interpretaciones?

Ha caído plop un golpe sordo
aún está vivo
el pájaro la sangre los latidos
del plumón en su pecho diminuto
todavía caliente.

Me recordó
al pequeño murciélago que aún buscaba a su madre
a pleno día.
Hubo niños que intentaron herirlo.

¿Cómo interpretamos esto?
Dice A:
–La vida es una transformación interminable.
Dice B:
–No canta como el ruiseñor en su nocturna fiebre.
Dice C:
–Haré un traje invisible y costosísimo con el hilo de sus
palpitaciones.

Yo estoy aquí intentándolo aliviar el dolor del pájaro antes de
que muera.
¿Podrá el pájaro saber que su vuelo tuvo algún sentido?
¿Alguno más allá de ser objeto de una interpretación?
¿Podré amarlo tanto en este su último momento

como para que conozca este sentido, que lo sepa
en las alas, en el latido, en el plumón con sangre,
en su muerte misma?
¿Sirve el amor para eso?
¿Puede el amor eso, puede tanto
en su conciencia de pájaro?

Se me muere en las manos.
Las lágrimas no interpretan ni son interpretadas.

Se me muere en las manos.
Tanto como el asombro,
la rabia es a veces uno de los rostros
de la incertidumbre.
La belleza discurre forastera
por el cauce de la mortalidad.
Rozarla es despedirse.

Habló el oráculo:
Detesto los corazones burgueses
Tú déjate desordenar
Odio los corazones-mondrian
Cada cosa en su parcela
el rojo y el azul y sus respectivos compartimentos
Compadezco a los corazones a los que nada desordena
Porque están solos con su orden
Porque se bastan a sí mismos
Qué tristeza
¿Quién no da un paso al frente
por seguir el afán de una luciérnaga
que va hacia qué y quién sabe?
Ellos.
No hay grietas no entra luz no pasa el aire
Colonias de hongos y horas excedidas
A vidas de distancia de la contemplación
Detesto los corazones no invadidos
Jamás serán felices
No se dejan llevar de la mano no se van
con extraños
pero cumplen escrupulosamente las tareas
que ellos mismos se imponen
Yo vomito a los tibios
No rozarán la magia
No arderán como antorchas en la noche

Esto no es matrix

¿Has fijado en alguna ocasión los ojos en tu sombra
como único apéndice humano no doliente?
¿Los has cerrado luego
pensando que podrías así destruir el mundo?
Piensas que, a veces, ver
es el modo más delicado de crear.
A veces, el más cruel.
Ríndete a la evidencia:
con los ojos abiertos o cerrados
el dolor es el mismo.

El poeta es un pequeño dios
VICENTE HUIDOBRO

Cuando cambio los nombres de las cosas
no cambio el mundo.
Cuando a la tristeza la llamo mandarina
tan sólo la desvisto
hasta dejar al aire su corazón naranja.
El poeta no es un pequeño dios
sino un ser pequeñísimo.
Mucho mejor así,
pues quien quiere ser grande
jamás llegará a serlo
(la grandeza se asienta en su ignorancia).

Porque el poeta es hombre,
y este, carnalidad de minutero,
al desplegarse sólo logra ser
la metáfora torpe
de sí mismo.

II. DE LO INVISIBLE

Bienaventurados los que ven cosas hermosas en lugares humildes donde otras personas no ven nada.

Camille Pissarro

Spes

Volar.
Ser el azul que queda tras el vuelo.
Ser flor de árnica cuando los hombres lloran,
cuando gritan la condición del daño
retorciéndose
como cerdos bajo el cuchillo,
como artrópodos con media pata arrancada,
cuando se arrastran
husmeando la belleza inteligible
mientras niegan su sed de lejanía,
como una muchedumbre, como una
mordedumbre, como hormigas
en su afán y en su brillo y su negrura,
tráfago de cabezas de alfiler,
una tristeza que labora y una lengua insuficiente.
Ser palabra enfermera, la palabra que dice
pero tú tienes ojos y boca y lenguaje
y eso es muchísimo
y tienes un amor
y eso lo es todo.
Una lluvia que asciende y que desciende
y nada moja.
Pupilas que ven sólo el color púrpura.
Deshabituada, no tener ya ojos suficientes
para tanto milagro.
Recibir una herida sin nombre y sin propósito,
que ni duela ni sane,
pero vea.

No lo que soy ni lo que tengo.

Yo soy
lo que espero.

Exposición de mariposas

Me preguntaba siempre si las habrían clavado vivas.
Eran unos alfileres entomológicos de cabezas brillantes,
un relumbre de lágrimas.
Exhibición de la belleza rota que sí, que aún es belleza.
Algo así como enmarcar en mármol el desconchón de la pared,
colocar sobre el pedestal la herida,
poner en la hornacina, a la vista de todos, la suciedad
del mundo.
La niña reconoce esa belleza, sabe que algo anda mal.
Tiene también su corazón claveteado
mas nadie lo contempla.

Luego supe que no, no las clavaban vivas.

Tú en la cruz me recordabas tanto a ellas.

Certosa di Pavia

Hay silencios aquí que son vientres preñados
de una conversación
que sólo en lo eterno y con lo eterno podrá darse.

Intersticio

Me quedo en la ficción:
eso que no es la vida
mas tampoco es la muerte.

De tu árbol y tu estrella

Hazte del árbol, hijo, sé cosa suya.
Déjate derribar por su misterio
antes de que él se haga para ti
objeto de investigación botánica,
materia prima,
copiosa fuente de obtención de ingresos.

Haz llanto, hijo, por la luz olvidada de la estrella
que los focos te ocultan.
No, no es tan sólo una masa de helio,
no es una sucesión de reacciones químicas.
Acaso es algo más.
Acaso es *la segunda estrella a la derecha*
y va a salvarte.

Te lo ruego. Hay urgencia en todo esto.
No cedas al dominio que en ti pugna,
no te olvides
del pozo luminoso que eres hoy:
el permanentemente deslumbrado.

Haz una caja fuerte de tu oscura pupila,
deposita
en ella tu perplejidad
de mil candados.
Luego tira la llave
en la aséptica sima de la amnesia.
No permitas que nada te desencante el mundo.

No lo permitas, porque –te lo aseguro–
después vendrán las lágrimas.
(y ya sólo habrá lágrimas).

Dicen que todo adulto es asesino:
el cadáver de un niño
yace oculto en su edad.
Custodia una mirada. Tú no dejes
que tu vida de ahora se nos muera
del todo.

Y luego, ya lo sabes, *todo recto*
hasta el amanecer.

El tiempo es... lo que nos parece que es el tiempo

A él me sujetaba, como un modo
de no andar en el vacío.
Se escribía a sí mismo hacia el no-yo,
no andaba hacia el enigma: lo creaba.
Para contar lo que no vio
regresa.
El recuerdo futuro
vive ya en la conciencia del presente:
sé que esta línea me abrasará algún día.
Sobre su envés, cada poema escrito
no es creación
sino reminiscencia.

Officium

Escribí un libro con tinta de piedad,
un libro espejo mágico
donde los vivos y los muertos
podíamos mirarnos a los ojos.

Una muchacha saturnal lo halló
(muy de espiga y muy sedosamente
y con la memoria
de un violín como diadema).
Una muchacha ¿era?
Érase una muchacha con un libro
que al abrirlo se esfuma.
Luego éranse una vez
unas manos vacías de muchacha,
que escribe con las uñas en las puertas
de su casa sin sueño
infestada de dudas.

Desde entonces escribe torrenteras de lágrimas,
agriculturas de la herida, documentos
de una ausencia mitral.
Escribe páramos que no cabalga nadie,
abluciones de inercia,
alcaravanes.

Escribo porque aún no me he rendido.
Escribo
porque lo que no nombro
se evapora.

Ultreia

El horizonte está en los ojos y no en la realidad.
ÁNGEL GANIVET

Cuando hablamos de la incapacidad del lenguaje
esa incapacidad lo es siempre *para algo*.
Y qué absurdo es hablar
de la incapacidad del lenguaje
sin hablar de ese algo,
por más que no se pueda hablar de él.
Lo importante es el algo
ya sea qué o quién sabe,
ya sea una cereza suspendida en el aire
muy lejos de su árbol, de sí misma,
o un pozo todo fondo y todo luna.

Lo importante es que hay algo
que nos lega una lengua verbirrota.

Lo importante es también que hay quienes aún lloran por ello.

Las lágrimas son un lenguaje más preciso,
el tacto es un lenguaje más preciso,
la precisión es el horno en que todo se asura.

A veces no pienso que el lenguaje sea incapaz,
sino que, simplemente, es todo un caballero
que sabe echarse a un lado

o un monje muy anciano
que aún intenta ponerse de rodillas.

Porque a veces la voz es más que la palabra,
mas sólo la palabra puede hablar de la voz.

Sólo es límite el límite cuando se ha traspasado,
sólo lo reconoce como límite
quien con sus ojos se encuentra ya más lejos.

Aunque hablar sea siempre
perder aliento,
derrumbarse a las puertas,
no es tan raro:
incontables las veces que hemos amado el día
no por su luz
sino por las sombras que proyecta.

Ya no hay signos, no hay voces,
las palabras nos labran vericuetos equívocos
que ladran nuestras pérdidas,
pero aún el amor tienta una lámpara
más allá del amor.

Todavía hablamos.

Sola en casa

Hoy me ha dado por poner una mesa
sabiendo que nadie vendría a comer.
He dispuesto un centro
de flores amarillas
y espero
porque el milagro es siempre,
por su definición,
algo posible.
Ridículo, ¿verdad?
Observo cara a cara al sinsentido
y no aparto
los ojos.
Lo miro. Lo remiro.
Le clavo desafiante la pupila
hasta que siente miedo.
Le descubro en su centro una promesa.
Espero al convidado de viento,
al hecho extraordinario.

Corolario 1: toda palabra es palabra mágica con la capacidad de invocar varios mundos.

Corolario 2: toda palabra es palabra metafórica, es *como si* dijera o se dijera.

Corolario 3: toda palabra es más enigma que palabra.

Corolario 4: toda palabra es un remedo de la resurrección.

Corolario 5: nombrar es una forma de amar hasta el extremo, soñar eterno lo que no subsiste.

Corolario 6: toda palabra es peldaño por el que se asciende, se desciende o se trasciende.

Corolario 7: toda palabra es una puerta abierta ¿hacia dónde?

Corolario 8: toda palabra es sacrificial, pues cada cosa lleva en sí el nombre de las otras en forma de silencio.

Corolario 9: toda palabra es amuleto para alejar nuestro miedo a morir antes de haber vivido.

Corolario 10: toda palabra es semilla cierta que se extiende hacia un fruto incomprensible.

Corolario N: toda palabra es en sí misma un corolario.

Nostalgia (algo entre el pasado y el futuro)

La pata de mi cama
guarda memoria
de un sino trunco de tronco florecido.

La oigo llorar algunas noches.

Entonces la acaricio
y mi mano se llena del perfume
de las flores de fresno
que no fueron.

Se precipita el día. Sin embargo,
abriéndose,
una flor

en el peligro.

III. LA PUPILA INTERIOR

La lámpara del cuerpo es el ojo; por eso, si tu ojo está sano,
todo tu cuerpo estará lleno de luz.

Mt, 6:22

BIG BANG

Quisiera recordarme como entonces.

Como antes
de ser en el lenguaje.

Como antes de vivir y profanar
santamente la vida:
belleza que aniquila y atraviesa
en brevedad de rayo cirujano;
despertar que me mira
antes de cualquier ojo.

Un amor que preexiste.

Poder tocar de nuevo esa pureza.

El insomnio y la luz

En esta noche insólita, la memoria es herida
y la herida es memoria.
Tiento mis ojos
como cubil en el que agazaparme.
Luego lloro
            porque el misterio
es mortal.

Sujeta, noche, tu respiración.
Aquiétate. Aprieta tu respuesta.

Primera luz.
Como rocío en gotas
sobre el mundo,
lo ves:
allí está,
sosteniéndolo todo,
el entusiasmo.
Él es la materia primigenia,
caldo bebido por el hombre-pez.

En el comienzo nadie presentía
la conjura de los grillos,
la sedición de las cosas minúsculas,
cricricriba del mundo,
salvado grito,
hambre lumbre del hombre que contempla.

Quizá el principio de todo
fue un pensar sin lenguaje,
un latido previo al corazón
que en su necesidad supo engendrarlo.
Y hoy estamos aquí, en esta noble empresa
de encapsular la luz, defendiendo el derecho
a una perplejidad como cimiento.
Porque no hay existente sin belleza.

¿Cuál es la consistencia del relámpago?
¿Cuál su consagración?

Ya es el día. Y ya hemos intuido
el secreto del día:
parecen quietas, mudas,
pero hay en las cosas
una vehemencia inexpresable.

Son ellas las que saben y no dicen.

Vida oculta

Un códice miniado me estallaba por dentro.
Allí esparcí mi luz, allí
donde nadie pudo verla.

Quaestiones

Pensamientos, qué barcos por tu frente.

¿Cómo late la quiebra del sistema
en el sistema mismo?
¿Cuándo la transgresión se hizo rutina confortable?

¿Puede el adorno ser lo esencial?
¿Lo primigenio el artificio?

¿Es posible sentir la rosa como tarea, algo que hacer?
¿Cuál es la diferencia entre la hormiga y la centella?

¿Naufragios o tablas?
¿Naufragios?
¿Tablas?

Ver o no ver

Construido mundo, este latido
no me pertenece.
Nacer es olvidar a qué he venido,
cuál era la misión.
¿Esparcir el destello? ¿Presagiar el espanto?
¿No son ambos lo mismo?

Hoy podría morirme de belleza.

La realidad
se me agota en las manos,
noche pierde.
Cada cosa se expande hasta su límite.

Cuando la rama se cae del pájaro
¿es su propio canto lo que lo sostiene?

Incienso y los ojos de rodillas

Lo humano por encima de sí mismo
es lo único que llega casi a humano.
Toda cosa es
mitad cosa, mitad misterio.
Con fe o sin ella,
todo poema tiene algo de oración.

O FELIX CULPA

La pureza es nuestra capacidad para contemplar la mancha
SIMONE WEIL

A veces es necesaria la mancha.
Sabes de mi amor por los abrigos blancos por las copas
de cristal finísimo por todo
lo que se ensucia o rompe fácilmente.
Sabes cómo me hieren las aristas de las cosas redondas.

Vamos pidiendo el relámpago invocando la peste
lamiendo el trueno tentando al enemigo.
Algo que nos sacuda
necesitamos algo
a nuestra altura, algo
frente a lo que medirnos:
el óxido el oxígeno el oxímoron
la cuarta cuerda rota
la ascensión imposible.

Perdimos la inocencia la lloramos
para descubrir luego
que es más clara inocencia la segunda,
recobrada hija pródiga
como don tropezado al salir a la calle,
la que no se ha buscado,
la limpieza que nace
de haber sido mirados con limpieza

y puede decir algo de nosotros
algo, al fin, verdadero.

Impura la pureza así extremada.

Hay una mística de la elegancia
que no será sin mancha.

Pasa una estrella fugaz

El deseo de ser contemplada
como un misterio.

De que alguien ponga su pupila en mí y descubra
reinos inexplorados, bargueños sin abrir.

Que quiera malgastar toda su vida
preguntándose qué guardarán dentro:
una ebriedad serena, una estatua de hielo,
muchos números cerca del infinito,
algunas lágrimas.

El desnudo deseo de valer
la pena de tus ojos.
De ser otra en tus ojos.
Merecer ser salvada sólo en ellos.

Deseo de ser mirada
y, al ser mirada, poder
verlo ya todo.
Transformarme en visión y ser
mirada.

Arráncame lo que más duele
No las manos no los ojos
No el corazón que llora y no es llorado
Arráncame lo que más duele:
el dolor mismo.
El que el dolor exista.

Ese escándalo.

El infierno son los otros
JEAN-PAUL SARTRE

Yo pienso lo contrario:
que el infierno soy yo
sin los otros,
que soy yo cuando no puedo decir
el azul que me hiere,
cuando habito una piel intransitiva.
Coge lo más solo, lo más sin nadie,
y verás cómo Dios también está en su ausencia.
En silencio de pronto sobreviene una música,
toda experiencia implica soledad,
toda alegría es incomunicable.
Quiero darte mis ojos.
Correr, sentir, esferas.
Se está quemando dentro
un claustro que no puede compartirse.
Pero imagina que, por un momento, descubrieras
que este dolor que sientes no es el tuyo
por más que tú lo sientas.
Que, aún no comprendes cómo,
se ha obrado ese milagro
de salir de uno mismo,
o de que otro
en uno mismo entrara.
Que, si hay algún infierno, está vacío.
Que la sangre que mana de tu herida
no es la propia.
Que cuando más morías te ha ensartado un amor.

Todo pasado que dejamos atrás
sigue multiplicándose.
Nos genera presentes infinitos.
Están a nuestro lado, nos cubren como escamas invisibles.
Vivo de esos presentes paralelos.
Yo no los veo, mas sé que están ahí
por algunas nostalgias que se infiltran,
por algunas heridas
que –parece– a veces se abren solas.

Tan sólo lo parece.

Imperativo categórico

Si para que exista un misterio
debes construir una casa sin puertas ni ventanas
y entrar en ella, hazlo.

Si debes amar hasta el extremo, dar la vida,
como el único modo de escribir lo inefable,
no lo dudes.

Si para que exista un misterio cuando todo es bostezo
debes asumir riesgos,
ser el riesgo,
adelante.

Si debes emprender la batalla más cruenta, esa que se da siempre
contra un demonio propio,
¿a qué esperas?

Si para que haya un misterio debes nadar en lagos
que flotan a muchos pies del suelo,
si debes constatar que ha habido miles de días en tu vida
pero una sola noche,

si debes asumir que tu cuerpo está esparcido a lo largo y ancho
de los siglos,
que tu corazón late aún rupestre en la caverna,
que tu pelo se ha enredado en alguna insurgencia irrelevante,
que tu mano está clavada, tu mano está clavada,
asúmelo ya todo.

Si para que exista un misterio
debes comprar unas gafas de milésima de segundo
porque te has dado cuenta
de que el problema no es que las cosas estén más allá de sí
mismas
sino más acá,

si para que exista un misterio debes ser creador de mundos
y guardar en ellos tu tristeza
por no saber habitar este,
ya estás tardando.

Si para que exista un misterio debes probar a consolar tu frío
frente a aquella fogata de acampada
que encendiste de niño y aún calienta,

si debes hablar y hablar, girando
en círculos cada vez más estrechos
en torno de una hoguera
que no hace falta tocar para abrasarse,

si para que exista un misterio debes emprender el poema
como el modo más puro de intentar la mudez,
ve raudo a la tarea.

Si para que exista un misterio debes situar el origen del tiempo
en cualquier remolino del futuro,

si debes encontrar un libro y nunca abrirlo
porque si esparce su secreto

el signo deja de ser signo,
no vaciles.

Si para que exista un misterio debes afirmar, mirando las montañas,
que han cesado en su conversación
sólo porque nosotros estábamos aquí
y la reanudarán cuando marchemos,
sin dilación, dilo.

Si debes escribir que es también fruto de la hermosura
lo entre   cortado
y que no hay más historia que la de las aguas subterráneas,
quiero decir
la historia de la gracia en lo pequeño
escríbelo.

Si para que exista un misterio debes encender una orquídea
que ahuyente todas las claridades de la noche,

si debes inventar palabras refractarias
como mundos cerrados en sí mismos,
hallar la comprensión que no se domicilia en las sinapsis,
dar cauce a tu deseo
de hacerte estallar en el botón de una caléndula,
encontrar en el fondo de una pupila de ángel
geometrías no euclídeas,
cumplir con tu destino de bestia arrancada de su fábula,
ve a por ello.

No lo demores más. Salva la poesía.

IV. UN AMOR QUE ES VISIÓN

En la noche dichosa,
en secreto, que nadie me veía,
ni yo miraba cosa,
sin otra luz y guía,
sino la que en el corazón ardía.
SAN JUAN DE LA CRUZ

Las afinidades electivas

Estoy frente a ti
porque el rayo es del rayo
y a la noche
sólo la noche la comprende.

Paseo

Ibas conmigo. El sol.
De pronto, yo
significaba.

Reconocerse

Sólo yo puedo ver de ti
lo inusitado,
tu vocación de río entre las piedras.

¿Querrías
recoger mis fragmentos, lavarlos
en la luz?

Sólo tú puedes ver de mí
mi raíz insólita,
mi vocación de canto impenetrable,
mi empeño de lampírido:
el té, las sílabas, la carne, lo imposible,
este ejército íntimo,

cómo sólo me salvo de la realidad
arrojándome a ella.

¿Pueden tu sed y mi sed,
rozándose,
inventar el agua?

Quien lo probó lo sabe

Perderse al encontrarse,
encontrarse al perderse.

Salir de sí, ir al otro: descentrarse.

Fuera del centro propio
encontrar otro centro.

Buscar completitud en estar roto.

Saber que nuestro eje
es la escisión.

Árbol genealógico

Desde que tú te fuiste,
en los rostros de todos los hombres veo muertos.
Desde que ellos nacieron,
en los rostros de todos los hombres veo hijos.

Edipo

Tu figura.
Arráncame los ojos:
ya he visto el mundo entero.

Res communes omnium

¿Qué conoces de mí?
¿Quién soy? ¿Qué es sólo mío?

Mi fascinación por la noche y por el fuego
tiene la edad milenaria de los hombres.
Este miedo a la muerte es una herencia
equitativamente dividida.
Estar y sola ser: la tempestad de siempre.
Son todas las pupilas
islas,
islas rabiosas.

Mi yo, mi yo, mi mundo más ajeno
porque es quizá el de todos;
mi mïar, mi yoar, un verbo inexistente
en cacería de sí,
qué cierva vulnerable.

Acervo comunal: que hacer fotografías
o atar las manecillas del reloj
no es detener el tiempo,
eso nadie lo ignora
(aunque todos lo intentan).
En todos los azules, el azul.
Y al fondo de las bocas
idéntica avidez de ardor (siempre negada),
una misma avaricia de secreto.

Lo que no existe es mío
y lo mío no existe.

El deseo de amar y ser amada, un común
patrimonio
desde que el labio es labio,
desde que lo salvaje es lo salvaje.

Pero ¿de esta manera? ¿De verdad?
¿Así? ¿De esta manera?

Dice el *shinto* que todo
es muerte y renovación.
Que cada hueco es una traslación de huecos
y no importa. Una flor de vacíos.

Pero tú eres tan bello y yo tan rematadamente
occidental,
–es decir,
que soy una criatura de deseo–,
que no puedo decir el azul de hoy
tan sólo hoy
y ahora,
porque tengo los dientes de una bestia que se embute de azules.

Y no quiero que nada se muera nunca, o nadie.

Y quiero sobre todo
que tú no mueras nunca,
y que además no dejes de quererme.

Por eso amo a Platón y no quiero matarlo,
y deseo que viva para siempre
y en cada cumpleaños le doy gracias.

Yo amo la consistencia de las cosas
porque es tu consistencia lo que amo.

Mirarte es desear
que la última palabra no la tenga
la muerte.

Caritas

Estupidez oh santa estupidez
de aquel que lo ha perdido todo
y tiene todavía
su mano abierta.

Identidad

¿Cómo amarte si estás
cambiando a cada instante y escapando
de ti, siempre
otro y el mismo,
volviendo de ti a ti
como una primavera?

¿A quién estoy amando en ti cuando te amo?
¿A cuál de los que has sido y los que
eres?
¿Es que acaso eres alguien
o su envés,
o creer esto es tan sólo
una forma arriesgada, impertinente
de enfrentarme al vacío?

A cada instante todo,
también tú de ti mismo,
se te va, arrebatado.
Es un fluir incesante,
es una monarquía
del otoño.

Sientes a veces un vendaval extraño
por tus venas:
es el tiempo que pasa
y se lleva tus venas.

¿Es acaso mi amor lo que te otorga forma?
¿Es este amor innúmero lo que en ti permanece?

Porque yo antes de amarte ya te amaba
y te amaré también
después de amarte
por la palabra oscura que traes
entre las manos
como rosa brotada antes que el mundo.

Miedos

Que mis manos empiecen a borrarse.
Que aparezca un cráter de vacío
entre mi vientre y su mendicidad.
Que se caigan mis sueños y mis uñas
de ese árbol de la vida
en que siempre es octubre.

Que mi lábil visión se desprenda a pedazos.

Y que todo esto ocurra
porque ya no te acuerdas de pensarme.

In paradisum (Fauré)

Hoy me he estado preguntando qué cosas espero del cielo
cosas como por ejemplo
poder jugar niña con mis hijos niños
y con mis padres niños

conocer la palabra
que nombra a la vez todo y su contrario
más lo que no es lo uno ni lo otro

volver a abrazar los ojos de mi amigo
que me dejaron luz
para varias centurias de tiniebla
ser capaz de abrazar también los ojos
del que fue mi enemigo

y más que nada poder decirte al fin
mi amor completo
mi amor irremediable
mi amor fijo en tu frente
como un ángel
que se queda en sí mismo,

mi amor pureza y fuego,
este amor del que sólo puedo hablar
siendo pureza y fuego
no con el cuerpo ni con las palabras
hablarte de mi amor con mi amor mismo

ya no decir este es mi amor ¿lo ves?
sino decir este es mi amor
lo eres.

Hijo mío.
Tu puño apretado cuando recién nacido.
Mi vida dentro.

–¿Qué harías si supieras que esta es la última noche del mundo?
–¿Qué haría? ¿Lo dices en serio?
–Sí, en serio.
–No sé. No lo he pensado.
RAY BRADBURY, *La última noche del mundo*

Si esta fuera la última noche del mundo
la llenaría de corderos melancólicos.

Si esta fuera la eterna, insospechada,
la última noche del mundo
te miraría como si un sol me implosionara dentro.

Con la luz que no tengo alumbraría perfiles,
mapas perpetuos, un futuro.

Si esta fuera la bestia que desgarra tu vientre al filo de la sombra
arrojaría a su hambre un corazón de música.

Si en esta noche última
un golpe de silencio lo arrebatara todo
te estrellaría mi amor
como una conversación interminable.

Si tan sólo abrigara (negación) (privación) (antimateria)
descorcharía una herida
que hasta el fondo celebra la vida y la confirma.

Si esta fuera la última noche del mundo
guardaría en ti nombres

de cosas infinitas
que acechan como tigres lo real
que pueda contenerlas.

Escondería en ti todas aquellas veces
en que abrí la ventana despacito, con pulso de tristeza,
anhelando perderme en la niñez
tan sólo para ver si me buscabas,

para poder armar el día
para poder seguir un pie después de otro.

(ese poder decirme aún sendero /
mástil / idea /piel,
campanilla de azúcar / titilar de guirlache /
tu insondable costumbre de volver
a esta noche del mundo
que soy yo).

Si esta fuera, mi vida, si esta fuera
la noche inesperada,
la total,
la última noche del mundo,

en qué aurora esa noche
rompería.

Lo que callo:
río de infinitud
que nunca desemboca
(a carcajadas).
La poesía
jamás estuvo aquí.
Está fuera, dando forma a estas líneas
como vaso que da su forma al agua.
Ve a la vida. Deprisa. Cierra el libro
y escapa. Busca lejos. Adiós.
Que tengas suerte y pájaros.
¿Preparado? Ahora,
es ahora
cuando empieza el poema.

ÍNDICE

I. PÁRPADO ABIERTO AL MUNDO

II. DE LO INVISIBLE

III. LA PUPILA INTERIOR

IV. UN AMOR QUE ES VISIÓN

Esta primera edición de
SER MIRADA
de Carmen Palomo Pinel
se terminó de imprimir
el día 19 de abril de 2024